基础会计（附微课第 2 版）（附

部分财会类教材推荐

（更多教材请登录人邮教育社区搜索）

❖ 会计基础与实务（附原始凭证）（第 5 版）　　　　杨桂洁　主编　（"十四五"职教国规）

❖ 财务管理实务（第 3 版）　　　　　　　　　　　　杨桂洁　主编　（"十四五"职教国规）

❖ 财务管理（附微课）　　　　　　　　　　　　　　杨桂洁　主编　（本科教材）

❖ 成本会计（第 4 版）　　　　　　　　　　　　　　徐晓敏　主编　（高职高专教材）

❖ 财务会计（第 3 版）　　　　　　　　　　　　　　贾永海　主编　（高职高专教材）

❖ 中级财务会计（第 5 版）　　　　　　　　　　　　吴学斌　主编　（本科教材）

❖ 会计综合实训（附原始凭证）（第 4 版）　　　　　甄立敏　主编　（高职高专教材）

本书特色

❖ 两个完整的模拟案例贯穿全书。

❖ 凭证、账簿和报表仿真化处理，教学综合模拟案例的原始凭证以凭证册形式提供。

❖ 正文内穿插"提炼点睛""视野拓展""微课""学中做"等栏目。

❖ 教学做一体化训练包含知识测试（习题）和实务操作（实训）。

❖ 教学大纲、电子教案、电子课件、各类题目参考答案、补充习题及答案、模拟试卷及答案、教学模拟案例答案等教学资料的索取方式参见附录中的"更新勘误表和配套资料索取示意图"。

扫 一 扫

了 解 本 书

www.ryjiaoyu.com

教材服务热线：010-81055256

反馈/投稿/推荐信箱：315@ptpress.com.cn

人邮教育服务与资源下载社区：www.ryjiaoyu.com

人邮经管教师 QQ 交流群：702212997（仅限教师身份）

（38）

应交所得税计算表

20×5 年 12 月 31 日 单位：元

项 目	计税依据（本月利润总额）	税 率	税 额
应交所得税		25%	
合 计			

审核：张丽 　　　　　　　　　　　　　　　　　　　　制单：王平

原始凭证№38

（39）

利润分配计算表

20×5 年 12 月 31 日 单位：元

项 目	计 提 基 数	计 提 比 例	金 额
提取法定盈余公积		10%	
合 计			

审核：张丽 　　　　　　　　　　　　　　　　　　　　制单：王平

原始凭证№39

（40）

利润分配计算表

20×5 年 12 月 31 日 单位：元

项 目	计 提 基 数	计 提 比 例	金 额
分配现金股利		40%	
合 计			

审核：张丽 　　　　　　　　　　　　　　　　　　　　制单：王平

原始凭证№40

（35）

销售成本计算表

20×5 年 12 月 31 日   单位：元

名　称	单　位	销售数量	单位成本	销售成本	备　注
甲材料	千克	1 000			
合　计					

审核：张丽   制单：王平

原始凭证№35

（36）

应交城建税计算表

20×5 年 12 月 31 日   单位：元

项　目	计税依据	适用税率	税　额
应交城市维护建设税		7%	
合　计			

审核：张丽   制单：王平

原始凭证№36-1

应交教育费附加计算表

20×5 年 12 月 31 日   单位：元

项　目	计费依据	适用附加率	费　额
应交教育费附加		3%	
合　计			

审核：张丽   制单：王平

原始凭证№36-2

（37）

损益类账户发生额汇总表

20×5 年 12 月 31 日   单位：元

收入账户	发生额	支出账户	发生额
主营业务收入		主营业务成本	
投资收益		税金及附加	
其他业务收入		管理费用	
营业外收入		销售费用	
		财务费用	
		其他业务成本	
		营业外支出	
合　计		合　计	

审核：张丽   制单：王平

原始凭证№37

（32）

制造费用分配表

20×5 年 12 月 31 日　　　　　　　　　　　　　　　　　单位：元

应借科目		分配标准（生产工时）	分配率	应分配金额	备　注
生产成本	A产品	8 000			
	B产品	12 000			
合　计		20 000			

审核：张丽　　　　　　　　　　　　　　　　　　　　　　　　　　制单：王平

原始凭证№32

（33）

完工产品成本计算单

20×5 年 12 月 31 日　　　　　　　　　　　　　　　　　单位：元

成本项目	A产品（2 000 件）		B产品（160 辆）	
	总成本	单位成本	总成本	单位成本
直接材料				
直接人工				
制造费用				
合　计				

审核：张丽　　　　　　　　　　　　　　　　　　　　　　　　　　制单：王平

原始凭证№33-1

产成品入库单

第 06 号

交库单位：生产车间　　　　　20×5 年 12 月 31 日　　　　　　　　仓库02 号

产品名称	规格与型号	质量等级	单位	数量	单位成本	金额	备注
A产品		优	件	2 000			
B产品		优	辆	160			
合　计							

验收：李明　　　　　　　　　　　　　　　　　　　　　　　　　　制单：王珊

原始凭证№33-2

（34）

销售成本计算表

20×5 年 12 月 31 日　　　　　　　　　　　　　　　　　单位：元

名　称	单　位	销售数量	单位成本	销售成本	备注
A产品	件	1 500			
B产品	辆	200			
合　计					

审核：张丽　　　　　　　　　　　　　　　　　　　　　　　　　　制单：王平

原始凭证№34

中国工商银行进账单（收账通知）

20×5 年 12 月 28 日   第 44 号

收款人	全　称	滨海股份有限公司	付款人	全　称	东风有限责任公司
	账　号	86476532		账　号	83857241
	开户银行	中国工商银行北海市新兴路支行		开户银行	中国工商银行东平市复兴路支行

人民币（大写）：叁万叁仟玖佰元整

百	十	万	千	百	十	元	角	分
	¥	3	3	9	0	0	0	0

工行北海市新兴路支行
20×5.12.28
收讫

票据种类	转账支票
票据张数	1 张

收款人开户行盖章

单位主管　　　　　　复核
会计　　　　　　　　记账

原始凭证№28-2

（29）

固定资产折旧计算表

20×5 年 12 月 31 日　　　　　　　　　　　金额单位：元

使用部门	本月应计折旧固定资产原值	折 旧 率	折 旧 额
生产用固定资产	4 400 000	0.6%	26 400
非生产用固定资产	2 000 000	0.43%	8 600
合　计	6 400 000		35 000

审核：张丽　　　　　　　　　　　　　　　　制单：王平

原始凭证№29

（30）

工资费用分配汇总表

20×5 年 12 月 31 日　　　　　　　　　　　单位：元

车间、部门		应分配金额	备　注
车间生产工人工资	A 产品负担	17 700	
	B 产品负担	14 880	
生产管理人员工资		5 500	
行政管理人员工资		5 700	
合　计		43 780	

审核：张丽　　　　　　　　　　　　　　　　制单：王平

原始凭证№30

（31）

工会经费和职工教育经费计算表

20×5 年 12 月 31 日　　　　　　　　　　　单位：元

车间、部门		工 资 总 额	工会经费（2%）	职工教育经费（8%）	备　注
基本生产车间	A 产品	17 700			
	B 产品	14 880			
车间管理部门		5 500			
行政管理部门		5 700			
合　计		43 780			

审核：张丽　　　　　　　　　　　　　　　　制单：王平

原始凭证№31

（27）

山东增值税普通发票

发票联

山东省

国家税务局监制

№002366208

开票日期： 20×5 年 12 月 26 日

购货单位	名　称：	滨海股份有限公司				密码区	略	
	纳税人识别号：	№150201000130047						
	地址、电话：	山东省北海市滨海路27号 3758659						
	开户行及账号：	中国工商银行北海市新兴路支行 86476532						

货物或应税劳务名称	规格型号	计量单位	数量	单价	金　额	税率	税　额
纸　夹		个	250	4.00	970.00	3%	30.00
圆珠笔		支	50	2.00	97.00	3%	3.00
笔记本		本	300	3.00	873.00	3%	27.00
合　计					¥1940.00		¥60.00

价税合计（大写）	人民币贰仟元整			（小写）¥2000.00

销货单位	名　称：	大华百货公司		备注	大华百货公司 150201012658739 发票专用章
	纳税人识别号：	№150201012658739			
	地址、电话：	山东省北海市文汇路20号 3868650			
	开户行及账号：	中国工商银行北海市文化路支行 85436742			

收款人： 李一　复核： 刘项　开票人： 李文明　销货单位：（章）

第一联 发票联 购货方记账凭证

原始凭证№27

（28）

山东增值税专用发票

记账联

山东省

国家税务局监制

№00228626

开票日期： 20×5 年 12 月 28 日

购货单位	名　称：	东风有限责任公司				密码区	略	
	纳税人识别号：	№150201012219727						
	地址、电话：	山东省东平市文化路57号　8107893						
	开户行及账号：	中国工商银行东平市复兴路支行 83857241						

货物或应税劳务名称	规格型号	计量单位	数量	单价	金　额	税率	税　额
甲材料		千克	1 000	30	30 000.00	13%	3 900.00
合　计					¥30 000.00		¥3 900.00

价税合计（大写）	人民币叁万叁仟玖佰元整			（小写）¥33 900.00

销货单位	名　称：	滨海股份有限公司		备注	滨海股份有限公司 150201000130047 发票专用章
	纳税人识别号：	№150201000130047			
	地址、电话：	山东省北海市滨海路27号 3758659			
	开户行及账号：	中国工商银行北海市新兴路支行 86476532			

收款人： 李红　复核： 李天　开票人： 刘明　销货单位：（章）

第三联 记账联 销货方记账凭证

原始凭证№28-1

（26）

山东增值税专用发票

3700082192

发票联
山东省
国家税务局监制

№02028578

开票日期： 20×5 年 12 月 22 日

购货单位	名　　　称：	滨海股份有限公司				密码区		略		
	纳税人识别号：	№150201000130047								
	地址、电话：	山东省北海市滨海路 27 号　3758659								
	开户行及账号：	中国工商银行北海市新兴路支行 86476532								

货物或应税劳务名称	规格型号	计量单位	数量	单价	金　额	税率	税　额
自来水		m³	3 000	1.20	3 600.00	9%	324.00
合　计					¥3 600.00		¥324.00
价税合计（大写）		人民币叁仟玖佰贰拾肆元整				（小写）　¥3 924.00	

销货单位	名　　　称：	北海市自来水公司
	纳税人识别号：	№122634280132568
	地址、电话：	山东省北海市胜利路 3 号　37125845
	开户行及账号：	中国工商银行北海市金水区支行 82858709

北海市自来水公司
122634280132568
发票专用章

收款人： 刘开　　复核： 李天　　开票人： 刘月　　　　　　　销货单位：（章）

第一联　发票联　购货方记账凭证

原始凭证№26-1

中国工商银行转账支票存根（鲁）

支票号码 2265878

科　　　目＿＿＿＿＿＿＿＿＿＿

对方科目＿＿＿＿＿＿＿＿＿＿

签发日期 20×5 年 12 月 22 日

收款人：	北海市自来水公司
金　额：	3 924.00
用　途：	自来水费
备　注：	

单位主管　　　　会计

复　核　　　　记账

原始凭证№26-2

水费分配表

20×5 年 12 月 22 日

金额单位：元

部门	分配标准（用水量）	分配率	应分配金额	备　注
生产车间	2 500		3 000	
行政管理部门	500		600	
合　计	3 000	1.2	3 600	

审核： 张丽　　　　　　　　　　　　　　制单： 王平

原始凭证№26-3

（25）

山东省直税专用发票

| 3700082191 | | | | | | 发票联 | | | № 02065590 |
| | | | | | | | | 开票日期： 20×5 年 12 月 22 日 |

购货单位	名　　　称：	滨海股份有限公司					密码区	略
	纳税人识别号：	№150201000130047						
	地址、电话：	山东省北海市滨海路 27 号　3758659						
	开户行及账号：	中国工商银行北海市新兴路支行 86476532						

货物或应税劳务名称	规格型号	计量单位	数量	单价	金　额	税率	税　额
电		度	10 000	0.5	5 000.00	13%	650.00
合　计					¥5 000.00		¥650.00
价税合计（大写）		人民币伍仟陆佰伍拾元整				（小写） ¥ 5 650.00	

销货单位	名　　　称：	北海市电力公司	
	纳税人识别号：	№122616780156981	
	地址、电话：	山东省北海市新兴路 33 号　3692567	
	开户行及账号：	中国工商银行北海市管城区支行 86217747	

| 收款人： 刘明 | 复核： 李言 | 开票人： 刘青 | 销货单位：（章） |

第一联　发票联　购货方记账凭证

原始凭证№25-1

中国工商银行转账支票存根（鲁）

支票号码 2265877

科　　　目＿＿＿＿＿＿＿＿

对方科目＿＿＿＿＿＿＿＿

签发日期 20×5 年 12 月 22 日

收款人：北海市电力公司
金　额：5 650.00
用　途：电费
备　注：

单位主管　　　会计

复　核　　　记账

原始凭证№25-2

电费分配表

20×5 年 12 月 22 日　　　　　　　　　　金额单位：元

部门	分配标准（用电量）	分配率	应分配金额	备　注
生产车间	8 000		4 000	
行政管理部门	2 000		1 000	
合　计	10 000	0.5	5 000	

审核： 张丽　　　　　　　　　　　　　　　　制单： 王平

原始凭证№25-3

商业承兑汇票

汇票号码　SC3631

签发日期20×5年12月20日　　　　　　　　第 065 号

收款人	全　称	海明有限责任公司	付款人	全　称	滨海股份有限公司
	账　号	83857256		账　号	86476532
	开户银行	中国工商银行东方市永兴路支行　行号		开户银行	中国工商银行北海市新兴路支行　行号

汇票金额	人民币（大写）：壹拾柒万伍仟壹佰伍拾元整	千 百 十 万 千 百 十 元 角 分
		¥ 1 7 5 1 5 0 0 0

汇票到期日	20×6 年 3 月 20 日	交易合同号码

本汇票已经本单位承兑，到期日无条件支付票款。

此致

收款人　　　　付款人盖章

负责：　　经办　　年　月　日

负责　　　　　经办

滨海股份有限公司
发票签发人盖章
150201000130047
发票专用章

原始凭证№24-2

收　料　单

供货单位：东方有限责任公司　　　　　　　　　　　材料类别：原材料

发票号码：0066688　　　　　20×5 年 12 月 20 日　　　材料仓库：2

材料名称（规格）	单位	数量		单价	实际成本		合　计								
		应收	实收		发票价格	运杂费	百	十	万	千	百	十	元	角	分
乙材料	千克	8 000	8 000	10	80 000				8	0	0	0	0	0	0
合　计								¥	8	0	0	0	0	0	0
备　注															

核算：（印）　　主管：（印）　　保管：（印）　　检验：（印）　　交库：（印）

原始凭证№24-3

收　料　单

供货单位：东方有限责任公司　　　　　　　　　　　材料类别：原材料

发票号码：0066688　　　　　20×5 年 12 月 20 日　　　材料仓库：3

材料名称（规格）	计量单位	数量		单价	实际成本		合　计								
		应收	实收		发票价格	运杂费	百	十	万	千	百	十	元	角	分
丙材料	件	5 000	5 000	15	75 000				7	5	0	0	0	0	0
合　计								¥	7	5	0	0	0	0	0
备　注															

核算：（印）　　主管：（印）　　保管：（印）　　检验：（印）　　交库：（印）

原始凭证№24-4

商业承兑汇票

汇票号码　SC2458

签发日期 20×5 年 12 月 18 日　　　　　　　　　　　　　第 015 号

<table>
<tr><td rowspan="3">收款人</td><td>全　　称</td><td colspan="2">滨海股份有限公司</td><td rowspan="3">付款人</td><td>全　　称</td><td colspan="2">东风有限责任公司</td></tr>
<tr><td>账　　号</td><td colspan="2">86476532</td><td>账　　号</td><td colspan="2">83857241</td></tr>
<tr><td>开户银行</td><td>中国工商银行北海市新兴路支行</td><td>行号</td><td>开户银行</td><td>中国工商银行东平市复兴路支行</td><td>行号</td></tr>
<tr><td>汇票金额</td><td colspan="2" rowspan="2">人民币（大写）：伍拾壹万叁仟零贰拾元整</td><td colspan="4">千 百 十 万 千 百 十 元 角 分
￥ 5 1 3 0 2 0 0 0</td></tr>
<tr><td></td></tr>
<tr><td>汇票到期日</td><td colspan="3">20×6 年 3 月 18 日</td><td colspan="3">交易合同号码</td></tr>
<tr><td colspan="7">本汇票已经本单位承兑，到期日无条件支付票款。
　　　　　　　　　　此致</td></tr>
<tr><td>收款人
负责：</td><td colspan="2">付款人盖章
经办　　　　年　月　日</td><td colspan="4">汇票签发人盖章
负责　　　　　经办</td></tr>
</table>

原始凭证№23-2

（24）

山东增值税专用发票

发票联

3700082149　　　　　　　　　　　　　　　　　　　　　　　　№02066688

开票日期：20×5 年 12 月 20 日

<table>
<tr><td rowspan="3">购货单位</td><td>名　　称：滨海股份有限公司</td><td rowspan="3">密码区</td><td rowspan="3">略</td></tr>
<tr><td>纳税人识别号：№150201000130047</td></tr>
<tr><td>地址、电话：山东省北海市滨海路 27 号 3758659
开户行及账号：中国工商银行北海市新兴路支行 86476532</td></tr>
</table>

<table>
<tr><td>货物或应税
劳务名称</td><td>规格
型号</td><td>计量
单位</td><td>数量</td><td>单价</td><td>金　　额</td><td>税率</td><td>税　　额</td></tr>
<tr><td>乙材料</td><td></td><td>千克</td><td>8 000</td><td>10</td><td>80 000.00</td><td>13%</td><td>10 400.00</td></tr>
<tr><td>丙材料</td><td></td><td>件</td><td>5 000</td><td>15</td><td>75 000.00</td><td>13%</td><td>9 750.00</td></tr>
<tr><td>合　计</td><td></td><td></td><td></td><td></td><td>￥155 000.00</td><td></td><td>￥20 150.00</td></tr>
<tr><td>价税合计（大写）</td><td colspan="7">人民币壹拾柒万伍仟壹佰伍拾元整　　　　　　　　　￥175 150.00</td></tr>
</table>

<table>
<tr><td rowspan="3">销货单位</td><td>名　　称：海明有限责任公司</td><td rowspan="3">备注</td></tr>
<tr><td>纳税人识别号：№126112170114325</td></tr>
<tr><td>地址、电话：山东省东方市新兴路 73 号 91462784
开户行及账号：中国工商银行东方市永兴路支行 83857256</td></tr>
</table>

收款人：方明　　复核：李一　　开票人：刘青　　　　　　销货单位：（章）

原始凭证№24-1

山东增值税普通发票

3700083140

发票联

山东省

开票日期：20×5 年 12 月 17 日

№00286213

第一联 发票联 销货方记账凭证

购货单位	名　　称：滨海股份有限公司
	纳税人识别号：№150201000130047
	地址、电话：山东省北海市滨海路 27 号 3758659
	开户行及账号：中国工商银行北海市新兴路支行 86476532

密码区　　略

货物或应税劳务名称	规格型号	计量单位	数量	单价	金　额	税率	税　额
维修费					970.00	3%	30.00
合　计					¥970.00		¥30.00

价税合计（大写）	人民币壹仟元整	（小写）¥1 000.00

销货单位	名　　称：北海市机电维修公司
	纳税人识别号：№150201012656308
	地址、电话：山东省北海市滨江路 10 号 3768640
	开户行及账号：中国工商银行北海市文化路支行 85476500

备注　　北海市机电维修公司 150201012656308 发票专用章

收款人：李明　　复核：刘天一　　开票人：刘明　　销货单位：（章）

原始凭证№22-2

（23）

山东增值税专用发票

3700083152

记账联

开票日期：

№00286253

第三联 记账联 销货方记账凭证

购货单位	名　　称：
	纳税人识别号：
	地址、电话：
	开户行及账号：

密码区　　略

货物或应税劳务名称	规格型号	单位	数量	单价	金　额	税率	税　额
合　计							

价税合计（大写）	人民币	（小写）¥

销货单位	名　　称：
	纳税人识别号：
	地址、电话：
	开户行及账号：

备注

收款人：　　复核：　　开票人：　　销货单位：（章）

原始凭证№23-1

（20）

山东增值税专用发票

3916282140

记账联

山东省
国家税务局监制

№00286268

开票日期： 20×5 年 12 月 15 日

购货单位	名　　　称：东风有限责任公司 纳税人识别号：№150201012219727 地址、电话：山东省东平市文化路57号　8107893 开户行及账号：中国工商银行东平市复兴路支行83857241					密码区	略		
货物或应税劳务名称	规格型号	计量单位	数量	单价	金　　额	税率	税　　额		
B 产品 合　计		辆	120	3 300	396 000.00 ¥396 000.00	13%	51 480.00 ¥51 480.00		
价税合计（大写）	人民币肆拾肆万柒仟肆佰捌拾元整						（小写）¥447 480.00		
销货单位	名　　　称：滨海股份有限公司 纳税人识别号：№150201000130047 地址、电话：山东省北海市滨海路27号　3758659 开户行及账号：中国工商银行北海市新兴路支行86476532					备注	滨海股份有限公司 150201000130047 发票专用章		

第三联 记账联 销货方记账凭证

收款人： 李红　复核： 李天　开票人： 刘明　销货单位：

原始凭证№20-1

中国工商银行进账单（收账通知）

20×5 年 12 月 15 日　　　　　　第44号

收款人	全　　称	滨海股份有限公司	付款人	全　　称	东风有限责任公司
	账　　号	86476532		账　　号	83857241
	开户银行	中国工商银行北海市新兴路支行		开户银行	中国工商银行东平市复兴路支行

人民币（大写）：肆拾肆万柒仟肆佰捌拾元整

				百	十	万	千	百	十	元	角	分
						4	7	4	8	0	0	0

工行北海市新兴路支行
20×5.12.15
收讫

票据种类	转账支票	
票据张数	1张	
单位主管		复核
会计		记账

收款人开户行盖章

原始凭证№20-2

（21）

中国工商银行转账支票存根（鲁）

支票号码 2265875

科　　目＿＿＿＿＿＿＿＿＿＿＿

对方科目＿＿＿＿＿＿＿＿＿＿＿

签发日期20×5 年 12 月 16 日

收款人	××银行
金　额	100 000.00
用　途	归还新兴有限责任公司货款
备　注	

单位主管　　　　会计
复　核　　　　记账

原始凭证№21

（22）

中国工商银行转账支票存根（鲁）

支票号码 2265876

科　　目＿＿＿＿＿＿＿＿＿＿＿

对方科目＿＿＿＿＿＿＿＿＿＿＿

签发日期20×5 年 12 月 17 日

收款人	市机电维修公司
金　额	1 000.00
用　途	机器设备维修
备　注	

单位主管　　　　会计
复　核　　　　记账

原始凭证№22-1

（19）

中华人民共和国
税收缴款书

税 收

经济类型：国有企业　　　　填制日期20×5年12月14日　　　　征收机关：省国税局

预算科目	款　项		缴款人	全　称	滨海股份有限公司
	级　次			账　号	86476532
	收缴金库	省国库		开户银行	中国工商银行北海市新兴路支行

税款所属时期：20×5年11月　　　　税款限缴日期：20×5年12月10日

品目名称	课税数量	计税金额或销售收入	税率或单位税额	已缴或扣除额	实缴金额								
					百	十	万	千	百	十	元	角	分
增值税		1 571 246.25	13%	53062.01		1	5	1	2	0	0	0	0

金额合计（大写）：壹拾伍万壹仟贰佰元整　　　　　¥ 1 5 1 2 0 0 0 0

缴款单位（人）（印章）　经办人（章）	税务机关（印章）　填票人（章）	上列款项已收妥并划转收单位账户。　收款银行（印章）　20×5年12月14日	备注：

第一联（收据）国库收款盖章后退缴款单位作完税凭证

原始凭证№19-1

中华人民共和国
税收缴款书

税 收

经济类型：国有企业　　　　填制日期20×5年12月14日　　　　征收机关：省国税局

预算科目	款　项		缴款人	全　称	滨海股份有限公司
	级　次			账　号	86476532
	收缴金库	省国库		开户银行	中国工商银行北海市新兴路支行

税款所属时期：20×5年11月　　　　税款限缴日期：20×5年12月10日

品目名称	课税数量	计税金额或销售收入	税率或单位税额	已缴或扣除额	实缴金额								
					百	十	万	千	百	十	元	角	分
所得税		144 000	25%				3	6	0	0	0	0	0

金额合计（大写）：叁万陆仟元整　　　　　¥ 3 6 0 0 0 0 0

缴款单位（人）（印章）　经办人（章）	税务机关（印章）　填票人（章）	上列款项已收妥并划转收单位账户。　收款银行（印章）　20×5年12月14日	备注：

第一联（收据）国库收款盖章后退缴款单位作完税凭证

原始凭证№19-2

（17）

工商银行特种转账凭证（代付款通知）

20×5 年 12 月 12 日

收款单位	全　称	永兴有限责任公司	付款单位	全　称	滨海股份有限公司											附件
	账号或地址	83864526		账号或地址	86476532											
	开户银行	中国工商银行开发区支行		开户银行	中国工商银行北海市新兴路支行											

金额	人民币（大写）：壹拾陆万元整		百	十	万	千	百	十	元	角	分
			¥	1	6	0	0	0	0	0	0

工行北海市新兴路支行
20×5.12.12
付　讫
银行盖章

转账原因	偿还到期的商业汇票款	科目	
		对方科目	
		复核员　　　　记账员	张

原始凭证№17

（18）

借款借据（收账通知）

年　月　日　　　　　　　　　　　　　借款编号：37689

借款单位名称		借款单位账号									
			百	十	万	千	百	十	元	角	分
借款金额	人民币（大写）：										
借款用途		期限									
还款期限		利率									

上列借款已批准发放，转入你单位存款账户。 　　　　此致	单位分录： 　　（借） 　　（贷） 主管　　会计　　复核　　记账
借款单位 　　　　　（银行签章）	年　月　日

原始凭证№18

（15）

收款收据（三联单）

年　月　日　　　　　　　№6703520

交款单位 或交款人		收款 方式	
事　由＿＿＿＿＿		备注：	
人民币（大写）　　　　　　¥＿＿＿＿			

收款单位（章）　　　　　　　　　　　收款人（签章）

原始凭证№15-1

差旅费结算单

20×5 年 12 月 11 日

姓　名	王林	出差详细地点		平安市	出差具体事由	开会	日期	12 月 7 日起 12 月 11 日止	
乘火车费	自　站至　站			金额	274.00	说明：			附单据
乘汽车费	自　站至　站			金额	56.00				张
乘飞机费	自　站至　站			金额					
行李运费	千克	每千克　元		金额					
出差补助	5 天	定额 10.00		金额	50.00				
旅馆费	4 天	单价 40.00		金额	160.00				
其　他				金额					
合计金额	小写	¥540.00				单位负责人	张涛	出差人	王林
	大写	伍佰肆拾元整							

原始凭证№15-2

（16）

山东省增值税普通发票

3700073140　　　　　　发票联　　　　　　№002366208

（全国税直税普通发票）（山东省 国家税务局监制）

开票日期：　20×5 年 12 月 5 日

购货单位	名　　称：滨海股份有限公司 纳税人识别号：№150201000130047 地址、电话：山东省北海市滨海路 27 号 3758659 开户行及账号：中国工商银行滨海市新兴路支行 86476532					密码区		略	

货物或应税劳务名称	规格型号	计量单位	数量	单价	金　额	税率	税　额
纸　夹		个	50	4.00	194.17	3%	5.83
圆珠笔		支	30	2.00	58.25	3%	1.75
笔记本		本	60	3.00	174.76	3%	5.24
合　计					¥427.18		¥12.82

价税合计（大写）　　人民币肆佰肆拾元整　　　　¥440.00

销货单位	名　　称：大华百货公司 纳税人识别号：№150201012658739 地址、电话：山东省北海市文汇路 20 号 3868650 开户行及账号：中国工商银行北海市文化路支行 85436742			

大华百货公司 150201012658739 发票专用章

收款人：李一　复核：刘项　开票人：李文明　　　销货单位：（章）

原始凭证№16

（14）

领 料 单

领用单位：生产车间　　　　　　20×5 年 12 月 10 日　　　　1 号仓库　　　　编号：053

用途	生产 A 产品			产品批量			订单号		
材料类别	材料编号	材料名称	规格	计量单位	数　量		单价	金额	二财务存
					请领	实发			
		甲材料		千克	6 000	6 000	20	120 000	
合　　计			人民币（大写）壹拾贰万元整					¥120 000	
备注									

核算：（印）　　主管：（印）　　发料：（印）　　主管：（印）　　领料：（印）

原始凭证№14-1

领 料 单

领用单位：生产车间　　　　　　20×5 年 12 月 10 日　　　　2 号仓库　　　　编号：054

用途	生产 B 产品			产品批量			订单号		
材料类别	材料编号	材料名称	规格	计量单位	数　量		单价	金额	二财务存
					请领	实发			
		乙材料		千克	20 000	20 000	10	200 000	
合　　计			人民币（大写）贰拾万元整					¥200 000	
备注									

核算：（印）　　主管：（印）　　发料：（印）　　主管：（印）　　领料：（印）

原始凭证№14-2

领 料 单

领用单位：　　　　　　　　　　年　月　日　　　　3 号仓库　　　　编号：055

用途				产品批量			订单号		
材料类别	材料编号	材料名称	规格	计量单位	数　量		单价	金额	二财务存
					请领	实发			
合　　计			人民币（大写）						
备注									

核算：（印）　　主管：（印）　　发料：（印）　　主管：（印）　　领料：（印）

原始凭证№14-3

材料采购费用分配表

20×5 年 12 月 9 日

分 配 对 象	分 配 标 准	分 配 率	分 配 额
甲材料	2 000		200
乙材料	4 000		400
合　计	6 000	0.1	600

原始凭证№11-6

（12）

中国工商银行现金支票存根（鲁）

支票号码 1226587

科　　目＿＿＿＿＿＿＿＿＿

对方科目＿＿＿＿＿＿＿＿＿

签发日期 20×5 年 12 月 10 日

收款人：滨海股份有限公司	
金　额：43 780.00	
用　途：发放工资	
备　注：	

单位主管　　　会计

复　核　　　记账

原始凭证№12

（13）

工资结算汇总表

20×5 年 12 月 10 日

部门人员	基本工资	工资津贴	应扣工资	应付工资	代扣款项	实发工资
A 产品生产人员	14 870	2 910	80	17 700		17 700
B 产品生产人员	12 590	2 600	310	14 880		14 880
车间管理人员	4 800	780	80	5 500		5 500
行政管理人员	4 700	1 040	40	5 700		5 700
合　　计	36 960	7 330	510	43 780		43 780

原始凭证№13

山东增值税普通发票

发票联
山东省
国家税务局监制

3700083162 №00286408

第一联 发票联 购货方记账凭证

开票日期：20×5 年 12 月 9 日

购货单位	名　称：滨海股份有限公司
	纳税人识别号：№150201000130047
	地址、电话：山东省北海市滨海路 27 号 3758659
	开户行及账号：中国工商银行北海市新兴路支行 86476532

密码区　略

货物或应税劳务名称	规格型号	计量单位	数量	单价	金　额	税率	税　额
运输费					550.46	9%	49.54
合　计					¥550.46		¥49.54

价税合计（大写）	人民币陆佰元整	¥600.00

销货单位	名　称：海明有限责任公司
	纳税人识别号：№126112170114325
	地址、电话：山东省东方市新兴路 73 号 91462784
	开户行及账号：中国工商银行东方市永兴路支行 83857256

备注

海明有限责任公司
126112170114325
发票专用章

原始凭证№11-3

收 料 单

供货单位：海明有限责任公司　　　　　　　　　　　　　　　　材料类别：原材料
发票号码：　　　　　　　　　　20×5 年 12 月 9 日　　　　　材料仓库：1

材料名称（规格）	计量单位	数量 应收	数量 实收	实际成本 单价	实际成本 发票价格	实际成本 运杂费	合计 百	十	万	千	百	十	元	角	分
甲材料	千克	2 000	2 000	19.9	39 800	200			4	0	0	0	0	0	0
合　计								¥	4	0	0	0	0	0	0

备注：

核算：（印）　　主管：（印）　　保管：（印）　　检验：（印）　　交库：（印）

原始凭证№11-4

收 料 单

供货单位：　　　　　　　　　　　　　　　　　　　　　　　　材料类别：原材料
发票号码：　　　　　　　　　　年　月　日　　　　　　　　　材料仓库：2

材料名称（规格）	计量单位	数量 应收	数量 实收	实际成本 单价	实际成本 发票价格	实际成本 运杂费	合计 百	十	万	千	百	十	元	角	分
合　计															

备注：

核算：（印）　　主管：（印）　　保管：（印）　　检验：（印）　　交库：（印）

原始凭证№11-5

（10）

中国工商银行进账单（收账通知）

20×5 年 12 月 8 日　　　　　　　　　　第 42 号

收款人	全　称		付款人	全　称	
	账　号			账　号	
	开户银行			开户银行	

人民币（大写）：		百	十	万	千	百	十	元	角	分

工行北海市新兴路支行
20×5.12.8
收讫

收款人开户行盖章

票据种类	
票据张数	

单位主管		复核	
会　计		记账	

原始凭证№10

（11）

中国工商银行转账支票存根（鲁）

支票号码 2265871

科　　目 ＿＿＿＿＿＿＿＿＿＿

对方科目 ＿＿＿＿＿＿＿＿＿＿

签发日期 20×5 年 12 月 9 日

收款人：海明有限责任公司
金　额：90 322.00
用　途：购材料
备　注：

单位主管	会计
复　核	记账

原始凭证№11-1

山东增值税专用发票

3702192140　　　　　　　　　　　　　　　　　№02245825

发票联

全国税务专用章
山东省
国家税务局监制

开票日期：20×5 年 12 月 9 日

购货单位	名　称：滨海股份有限公司		密码区	略		第一联　发票联　购货方记账凭证
	纳税人识别号：№150201000130047					
	地址、电话：山东省北海市滨海路 27 号 3758659					
	开户行及账号：中国工商银行北海市新兴路支行 86476532					

货物或应税劳务名称	规格型号	计量单位	数量	单价	金　额	税率	税　额	
甲材料		千克	2 000	19.9	39 800.00	13%	5 174.00	
乙材料		千克	4 000	9.9	39 600.00	13%	5 148.00	
合　计					¥79 400.00		¥10 322.00	

价税合计（大写）	人民币捌万玖仟柒佰贰拾贰元整	（小写）￥89 722.00

销货单位	名　称：海明有限责任公司	备注
	纳税人识别号：№126112170114325	
	地址、电话：山东省东方市新兴路 73 号 91462784	
	开户行及账号：中国工商银行东方市永兴路支行 83857256	

海明有限责任公司
126112170114325
发票专用章

收款人：方明	复核：李一	开票人：刘青	销货单位：（章）

原始凭证№11-2

（8）

专用收款收据

收款日期： 　　　　　20×5 年 12 月 7 日　　　　　№0028620

付款单位 （交款人）	滨海股份有限公司	收款单位 （领款人）	地震灾区捐款委员会									收款项目	捐款	
人民币 （大写）	壹拾万元捐款委员会		千	百	十	万	千	百	十	元	角	分	结算方式	
				￥	1	0	0	0	0	0	0	0	转账
收款事由	捐款			经办					部门					
									人员					
上述款项照数收讫无误。	会计主管		稽核			出纳			交款人					
收款单位财会专用章 （领款人签章）	财务专用章 （签章）		（签章）			（签章）			（签章）					

第三联　给付款单位做收据

原始凭证№8-1

中国工商银行转账支票存根（鲁）

支票号码 2265870

科　　目 ＿＿＿＿＿＿＿＿＿＿

对方科目 ＿＿＿＿＿＿＿＿＿＿

签发日期 20×5 年 12 月 7 日

收款人：地震灾区捐款委员会
金　额：100 000.00
用　途：捐款
备　注：

单位主管　　　　会计

复　核　　　　记账

原始凭证№8-2

（9）

借　款　单

20×5 年 12 月 7 日　　　　　　第 39 号

借款人	王林	借款原因	出差
借款金额	人民币（大写）：陆佰元整		￥600.00
领导审批	同意 张涛	归还方式	出差返回即刻报账
财务负责人：李明		借款人签字：王林	

第三联　财务记账

原始凭证№9

中国工商银行转账支票存根（鲁）

支票号码 2265869

科　　目＿＿＿＿＿＿＿＿＿＿＿

对方科目＿＿＿＿＿＿＿＿＿＿＿

签发日期　　年　　月　　日

| 收款人： |
| 金　额： |
| 用　途： |
| 备　注： |

单位主管　　　　　会计

复　核　　　　　记账

原始凭证№5-2

（6）

山东增值税专用发票

3702182140

记账联

山东省

№00286258

开票日期：　20×5 年 12 月 5 日

| 购货单位 | 名　　称：南方经贸有限责任公司 |
| 纳税人识别号：№150201012656819 |
| 地址、电话：山东省东平市汇海路 27 号　8566742 |
| 开户行及账号：中国工商银行东平市城区支行 68717984 |

密码区　　略

货物或应税劳务名称	规格型号	计量单位	数量	单价	金　额	税率	税　额
A 产品		件	1 000	380	380 000.00	13%	49 400.00
合　计					¥380 000.00		¥49 400.00

| 价税合计（大写） | 人民币肆拾贰万玖仟肆佰元整 | （小写）￥429 400.00 |

| 销货单位 | 名　　称：滨海股份有限公司 |
| 纳税人识别号：№150201000130047 |
| 地址、电话：山东省北海市滨海路 27 号　3758659 |
| 开户行及账号：中国工商银行北海市新兴路支行 86476532 |

备注 150201000130047 发票专用章

收款人：李红　　复核：李天　　开票人：刘明　　销货单位：（章）

第三联　记账联　销货方记账凭证

原始凭证№6

（7）

中国工商银行现金支票存根（鲁）

支票号码 1226586

科　　目＿＿＿＿＿＿＿＿＿＿

对方科目＿＿＿＿＿＿＿＿＿＿

签发日期　年　月　日

| 收款人： |
| 金　额： |
| 用　途： |
| 备　注： |

单位主管　　　　会计

复　核　　　　记账

原始凭证№7

收　料　单

供货单位：北海有限责任公司　　　　　　　　　　　　20×5年12月4日　　　　　材料类别：原材料
发票号码：00186598　　　　　　　　　　　　　　　　　　　　　　　　　　　材料仓库：3

材料编号	材料名称（规格）	单位	数量		实际成本				金　额								
			应收	实收	单价	发票价格	运杂费		百	十	万	千	百	十	元	角	分
	甲材料	千克	3 000	3 000	20.00	60 000		¥	6	0	0	0	0	0	0	0
	合　计							¥	6	0	0	0	0	0	0	0

备注：　　　　　　　　　　　　　　　　　　　　　　　　　　附单据1张

核算：（印）　　主管：（印）　　保管：（印）　　检验：（印）　　交库：（印）

原始凭证№4-3

中国工商银行转账支票存根（鲁）

支票号码：2265868

科　　目＿＿＿＿＿＿＿＿＿＿＿＿＿

对方科目＿＿＿＿＿＿＿＿＿＿＿＿＿

签发日期20×5年12月4日

收款人：	北海有限责任公司
金　额：	67 800.00
用　途：	购材料
备　注：	

单位主管　　　　　会计

复　核　　　　　　记账

原始凭证№4-4

（5）

山东增值税普通发票

3700083142　　　　　发票联　　　山东省　　　开票日期：　20×5年12月5日　　　　№00286208

购货单位	名　　称：滨海股份有限公司
	纳税人识别号：№150201000130047
	地址、电话：山东省北海市滨海路27号 3758659
	开户行及账号：中国工商银行北海市新兴路支行 86476532

密码区　　略

货物或应税劳务名称	规格型号	计量单位	数量	单价	金　额	税率	税　额
广告费					5 660.38	6%	339.62
合计					¥5 660.38		¥339.62

价税合计（大写）　　人民币陆仟元整　　　　　（小写）¥6 000.00

销货单位	名　　称：志成广告有限公司
	纳税人识别号：№150201012656729
	地址、电话：山东省北海市滨江路20号 3768650
	开户行及账号：中国工商银行北海市文化路支行 85476542

收款人：李明　　复核：刘天　　开票人：刘文明　　　　　销货单位：（章）

原始凭证№5-1

（3）

捐赠资产交接单

20×5 年 12 月 3 日 第 4 号

捐赠单位（人）	李林		接受单位（人）	滨海股份有限公司	
捐赠资产名称	原始价值	评估确认价值	已提折旧	预计使用年限	
机器设备		180 000		10 年	
合计人民币（大写）：壹拾捌万元整					
备　注：					

原始凭证№3

（4）

山东增值税专用发票

3700082140 　　抵扣联　　№00186598

开票日期：20×5 年 12 月 4 日

购货单位	名　称：滨海股份有限公司							
	纳税人识别号：№150201000130047					密码区	略	
	地址、电话：山东省北海市滨海路27号　3758659							
	开户行及账号：中国工商银行北海市新兴路支行 86476532							
货物或应税劳务名称	规格型号	计量单位	数量	单价	金　额	税率	税　额	
甲材料		千克	3 000	20	60 000.00	13%	7 800.00	
合　计					¥60 000.00		¥7 800.00	
价税合计（大写）	人民币陆万柒仟捌佰元整					（小写）¥67 800.00		
销货单位	名　称：北海有限责任公司					备注	123098250902894 发票专用章	
	纳税人识别号：№123098250902894							
	地址、电话：山东省北海市新兴路7号　3724064							
	开户行及账号：中国工商银行北海市金水支行 90289431							

第二联　抵扣联　购货方扣税凭证

原始凭证№4-1

山东增值税专用发票

3700082140 　　发票联　　№00186598

开票日期：20×5 年 12 月 4 日

购货单位	名　称：滨海股份有限公司							
	纳税人识别号：№150201000130047					密码区	略	
	地址、电话：山东省北海市滨海路27号　3758659							
	开户行及账号：中国工商银行北海市新兴路支行 86476532							
货物或应税劳务名称	规格型号	计量单位	数量	单价	金　额	税率	税　额	
甲材料		千克	3 000	20	60 000.00	13%	7 800.00	
合　计					¥60 000.00		¥7 800.00	
价税合计（大写）	人民币陆万柒仟捌佰元整					（小写）¥67 800.00		
销货单位	名　称：北海有限责任公司					备注	123098250902894 发票专用章	
	纳税人识别号：№123098250902894							
	地址、电话：山东省北海市新兴路7号　3724064							
	开户行及账号：中国工商银行北海市金水支行 90289431							

第一联　发票联　购货方记账凭证

原始凭证№4-2

教学综合模拟案例原始凭证（滨海股份有限公司）

（1）

接受投资收据

20×5 年 12 月 1 日　　　　　　　　　　　第 3 号

投资单位：宏利有限责任公司			投资日期：20×5 年 12 月 1 日	
投资项目（名称）	原　值	评估价值	投资期限	备　注
货币资金		200 000		¥200 000
投资金额合计人民币（大写）：贰拾万元整				
接受单位：滨海股份有限公司			制单：周明	

（印章：滨海股份有限公司 150201000130047 发票专用章）

原始凭证№1-1

中国工商银行进账单（收账通知）

20×5 年 12 月 1 日　　　　　　　　　　　第 41 号

收款人	全　称	滨海股份有限公司	付款人	全　称	宏利有限责任公司
	账　号	86476532		账　号	62212738
	开户银行	中国工商银行北海市新兴路支行		开户银行	潍坊银行开发区支行

人民币（大写）：贰拾万元整

	百	十	万	千	百	十	元	角	分
	¥	2	0	0	0	0	0	0	0

（印章：工行北海市新兴路支行 20×5.12.01 收讫）

票据种类	转账支票
票据张数	1 张
单位主管　　　　复核	
会　计　　　　记账	

收款人开户行盖章

原始凭证№1-2

（2）

借款借据（收账通知）

20×5 年 12 月 2 日　　　　　　　　　借款编号：06

贷款单位名称	滨海股份有限公司	贷款单位账号	86476532								
贷款金额	人民币（大写）：叁拾万元整		百	十	万	千	百	十	元	角	分
			¥	3	0	0	0	0	0	0	0
贷款用途	生产经营	期限	3 年								
还款期限	20×8 年 12 月 2 日	利率	8%								

（印章：工行北海市新兴路支行 20×5.12.02 收讫）

上列贷款已批准发放，转入你单位存款账户 此致 贷款单位 （银行签章）	单位分录： （借） 　　（贷） 主管　　会计　　复核　　记账 20×5 年 12 月 2 日

原始凭证№2

高等院校经济管理类新形态系列教材

山东省潍坊市第二十次社会科学优秀成果二等奖

操作裁剪用凭证

《基础会计》（附微课第2版）

杨桂洁　李沛泽　主　编

张　倩　王建军　副主编

人 民 邮 电 出 版 社

北　京